Les jeunes étoiles

Les jeunes étoiles
DU SURF DES NEIGES

COLLECTION CRABTREE « LES JEUNES PLANTES »

Buffy Silverman

J'aime faire du surf des neiges!

Je fixe mes bottes avec mes **fixations**.

Mes pantalons de neige, mon manteau et mes mitaines me gardent au chaud.

Mon **casque** et mes **lunettes de protection** assurent ma sécurité.

Je porte des **protège-poignets** sous mes mitaines.

Nous utilisons la remontée mécanique pour se rendre au sommet de la montagne.

16
LEITNER
POMA

Nous plions les genoux et nous glissons sur la neige.

Nous nous appuyons sur nos talons pour garder notre **équilibre**.

Nous apprenons à tourner et à arrêter.

Regarde-moi sauter
et atterrir!

Glossaire

casque (ca-s-k) : Un casque couvre ta tête et te protège des blessures.

équilibre (é-ki-li-bre) : L'équilibre c'est l'habileté à rester stable sur sa planche sans tomber.

fixations (fix-a-tyon) : Les fixations sont attachées à la planche à neige et s'accrochent aux bottes pour les fixer à la planche.

lunettes de protection (lu-net de pro-tek-tyon) : Les lunettes de protection sont de grandes lunettes qui protègent les yeux du vent et de la neige.

planche à neige (plan-sh à nèj) : C'est une planche qui ressemble à un large ski pour glisser sur la neige.

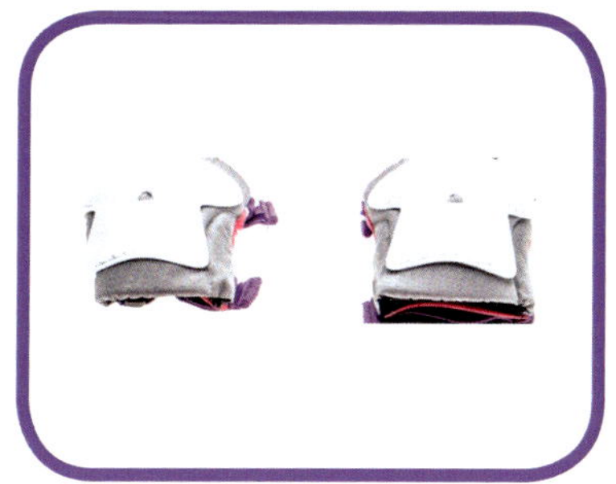

protège-poignets (pro-tèj poy-gnè) : Les protège-poignets recouvrent les poignets et les protègent contre les blessures quand la personne tombe de sa planche à neige.

Index

Soutien de l'école à la maison pour les gardien(ne)s et les enseignant(e)s.

Ce livre aide les enfants à se développer grâce à la pratique de la lecture. Voici quelques exemples de questions pour aider le(a) lecteur(-trice) à développer ses capacités de compréhension. Des suggestions de réponses sont indiquées.

Avant la lecture

- **Quel est le sujet de ce livre?** Je pense que ce livre parle de la planche à neige. Il pourrait nous renseigner sur la façon dont les enfants apprennent à faire de la planche à neige.
- **Qu'est-ce que je veux savoir sur ce sujet?** Je veux en savoir plus sur les différents mouvements de la planche à neige. Je me demande aussi quels vêtements portent les planchistes.

Durant la lecture

- **Je me demande pourquoi...** Je me demande pourquoi certains planchistes s'accroupissent sur leurs talons.
- **Qu'est-ce que j'ai appris jusqu'à présent?** J'ai appris que les planchistes tournent, arrêtent, sautent et atterrissent! J'ai aussi appris que les planchistes portent des pantalons de neige, un manteau et des mitaines.

Après la lecture

- **Nomme quelques détails que tu as retenus.** J'ai appris que les planchistes portent un casque, des lunettes de protection et des protège-poignets pour leur sécurité.
- **Écris les mots peu familiers et pose des questions pour mieux comprendre leur signification.** Je vois le mot *fixations* à la page 4 et le mot *équilibre* à la page 16. Les autres mots de vocabulaire se trouvent aux pages 22 et 23.

Crabtree Publishing Company

www.crabtreebooks.com 1-800-387-7650

Version imprimée du livre produite conjointement avec Blue Door Education en 2021.

Crédits photos : Couverture © Becky Wass; p. 3 © Olya Lytvyn; p. 4 © Sergiy Bykhunenko, p. 5 © Ahturner; p. 7 © Becky Wass; p. 8 © Ahturner; p. 10 © Mehmet Cetin, p. 11 © Liukov; p. 13 © Crystal Kirk; p. 14 © Svetlana Larina; p. 17 © Alena Kuzmina; p. 18 © Becky Wass; p. 21 © Becky Wass. Toutes les photos de Shutterstock.com

Imprimé au Canada/042021/CPC

Auteur : Taylor Farley
Coordinatrice à la production et technicienne au prepress : Samara Parent
Coordinatrice à l'impression : Katherine Berti
Traduction : Claire Savard

Publié au Canada par Crabtree Publishing
616 Welland Ave.
St. Catharines, ON
L2M 5V6

Publié aux États-Unis par Crabtree Publishing
347 Fifth Ave
Suite 1402-145
New York, NY 10016

Catalogage avant publication de Bibliothèque et Archives Canada

Disponible à Bibliothèque et Archives Canada